JN409119

자연의 색은

순수하다

자연의 색은 순수하다

김 인 택 시집

해 암

시인의 말

현재를 살아가는 모든 이들에게
시를 가까이 할 수 있는
마음의 여유를 주고 싶다

자연에 관한 시를 주로 실었다
자연에서 순리를 섭리를 배우고 삶을
익히며 생활의 의미를 되찾는다

가족 친구 인쇄 관계자 모두에게
감사의 마음을 전한다.

2013. 08
김인택

| 차례 |

1_ 신 영주10경

2_ 자연

3_ 삶

1

신 영주10경

신 영주10경

한라산 봉우리가
손에 잡힐 듯
가까이 다가와 있다
푸르스름한 연무 속

맑은 날

앞바다 야경의 집어등에
탑동광장에서 함성
제주항 크루즈의 뱃고동 소리
해안도로의 낭만을 찾는다
이호해변 연가
제주대학교 교정에서 젊음을
풍력발전기 바람 소리를 느끼고
평화로를 질주
중문관광단지의 여유
그리고
올레길 산책에서
나를 찾는다

우리를 찾는다

무지개가 떴다

종달새의 날갯짓에

흐름을 쫓는

너는

앞바다 야경

하늘에는 별
바다에는 잔물결
수평선
수평선엔

휘황한 집어등이 꼬리를 물고
밤을 사르고 있다

힘찬 어부들의 함성이
열기가
밤바다를 뒤덮고 있다

멀리 둥그스름한 수평선엔 어선들이 경주하고

갯가
잔물결에 불빛이
반짝인다

탑동광장의 함성

월드컵의 열기가 후끈 달아올랐다
길거리 농구가 한창 신 났다
농악놀이의 꽹과리 소리가 파도를 잠재운다

오석의 부딪는 소리가
솟아오르는 샘물의 맑은소리가
물새의 친구 부르던 소리가
요란스럽던

이곳에

함성이 가득하다
활기가 샘 솟는다
성난 파도가 내 뿜는 분말 속에 관악의 울림이

백담에 뻗는다
산지 포구에 뻗는다
용두암에 뻗는다

바다에서 불어온 한 줄기 광풍이
광장을 휘몰아친다

제주항 국제여객선터미널

세계를 연다
세상을 품는다

사라봉의 그늘
등대의 언저리
서부두 방파제가 감싼

뱃고동이

산지 포구를 울린다
오현단을 울린다
삼성혈을 울린다

긴긴날
시퍼런 생수가 펑펑 솟아나고
민물장어가 살아 숨 쉬던
돛단배의 기착지

크루즈의 프로펠러가 힘차다

뱃머리에 날개를 달았다

갈매기가 비상한다

바람 속으로

해안도로의 낭만

불어온 바닷바람이 귀밑털을 간지른다

멀리 해 조음 아스라하고

푸른빛의 바닷물
가슴에 스며든다

바지를 걷어 올린 아이들은
보말을 깅이를 잡느라 야단법석이고
소라를 캐고 미역을 조무는
해녀들의 숨비소리

바다에 긴 여운을 남긴다

손을 담근 바닷물
싸늘함이 활력을 더한다

길가
돌담 초가집
주인을 기다린다

동백꽃의 자태가 요염하다

이호해변 연가

백사장과
깅이가 뛰노는 드넓은 갯가
푸른 소나무 숲은
바닷바람을 한껏 품었다

물새들 한가로이 날고
빨간 돛의 요트
바람을 가른다

트롤 낚시를 즐기는 조사들의 탄성이 울리고

꽉 잡은 그녀의 손에 힘이 넘친다

노을에
하늘의 구름도 붉고
바다도 붉고
그리고
그리고

제주대학교 교정

한라산 중턱
젊음의 열기가 뜨겁다

봄이면
벚나무의 꽃이 화사하게 피어 계절을 맞이하고

가을이면
은행잎의 노랑
노랑을 만끽할 수 있는 곳

저 멀리
관탈섬이 한눈에 들어오고
산새들의 지저귐을 느낄 수 있는 곳

야망을 찾고
꿈을 찾고
사랑을 찾아

모여들었다
흩어진다

오래된
유배자들의 흔적을 되새기며

오늘도 교정엔
함박눈이 소복이 쌓인다

소리도 없이

풍력발전기 바람소리

그대
바다의 소리를 듣는가

그대
구름의 소리를 듣는가

그대
바람의 소리를 들었는가

여기

해원을 향해 팔을 뻗었다
초원을 향해 두 팔을 벌렸다

원시의 숨소리를 찾고
태고의 몸짓을 느끼고

울음을 토한다

그리고
외친다

눌러 선 자리

바닷물 속
바닷가
돌담 한 귀퉁이

친구를 맞는다
바람을 맞는다

몽골 초원의 바람은 아니드래도

사하라 사막의 열풍은 아니드래도

그대
바람의 소리를 들어 보았는가

평화로의 질주

무수천을 지나니 탄탄대로이다

왕복 4차로
건널목은 없다

차창을 스치는 바람 소리가 날카롭다

오름들은 나즈막이 자리를 하고
한라산 봉우리
구름에 가리웠다

저 멀리 푸른 바다
비양도의 분화구가 우뚝하다

갑자기
추월하는 차의 굉음

가끔은
꿩이 달리는 차에 부딪기도하고
노루가 나타나
당황스럽게도 한다

운무에 휩싸인 산방산이 보인다

억새의 무리 위로
산바람이 까칠하다

중문관광단지의 여유

둘러본다

아름드리 야자수

와싱톤도 있다
카나리아
코크스도 보인다

열대의 태양광이
여기서 자라고 있다

다리 위
짙푸른 바다를 바라본다

저 넘어는 태평양

자주
돌고래가 출몰
고기잡이 배들을 희롱한다

햇빛이 뜨겁다

그늘을 찾는다

천제연의 물보라에
더위를 식히고
망고의 향
목을 축인다

잠시
야자수 그늘
시간을 쫓고

더운 밤하늘
별이 총총하다

올레길 산책

걷다가
걷다가
걷다가

나비를 보았다
솔방울을 보았다

걷다가
걷다가

초가집 돌담 올레를
탱자나무 울타리를 걸었다

망아지가 어미를 쫓아
이리 뛰고 저리 뛴다

볼래
삼동나무
으름덩굴도 보인다

걷다가

잠시
하늘을 올려다본다

구름이 한가롭다
일상을 잊으라 함인가
번뇌를 끊어라 함인가

내려다보니
오늘이 있다

우리가 있다

2

자연

자연의 색은 순수하다

자연의 색은 순수하다고
생각합니다

지는
저녁놀의 바다에서
떠오르는 아침 햇살 사이로 비치는
구름 위에서 가을의 설악 한라의 단풍에서
봄날
아지랑이 새싹
싱그러운 매미의 울음 속
푸르른 나뭇잎의 색상에서
아름답지만 현란하지 아니한
자연의 색감을 느낍니다

또한
눈 쌓인 겨울 산의 눈꽃에서
시골길에
널려 있는 낙엽 더미 속
은행나뭇잎에서

졸졸
흐르는 개울가의 이끼에서
수수하지만은 않은
생명의 색감을 느낍니다

자연의 색은 순수합니다

너무 현란하지도 그렇다고 너무 수수하지도 않은 생명력 있는 중용의 색이라고 생각합니다

그 중용의 색을 먼저 과일에서 찾았습니다

정물 1

어이 그대는 여기 가만히 있는가

태고의 소리를 듣는가
부모님의 고향을 생각하는가
아니면
잉태孕胎의 희열喜悅을 느끼려는가

누가
그대에게
태생을 물어 보았소
여정을 물어 보았소
죽음을 물어 보았소

그대의 모습은
잘리고 꺾이었지만
조화를 이끄는 강한 인력이 있음은
자연이 주는 혜택임이라오

그대는 홀로 있지만 홀로가 아니고
그대가 초라함을 느끼려 하지만 초라함이 아니고 다양함이라오

어이 그대는 어찌하여 여기 가만히 있는가

정물 2

가지를 꺾어
낙엽을 모은다

솔잎

쓸어
생을 담고

헤쳐
마음을 키운다

흐르는 날

과일, 꽃, 酒煎子, 컵, 고추, 그물, 담뱃대, 피망, 촛대, 모자, 가방, 구두, 반지, 구슬, 항아리, 커텐, 종이학, 가발, 타이어, 나무젓가락, 화장지, 물감, 이젤, 가위, 콘돔, 册欌, 변기, 圖章, 수도꼭지, 銀粧刀, 陶瓷器, 빨래, 北魚쾌, 청사초롱, 남방애, 정낭, 호미, 洋食器, 노리개, 싸리비, 畵集, 拳銃, 대광주리

속에 담아

풍요의 순간
채움의 희열

하늘을 그린다

바다를 그린다

조랑말의 질주에
터지는 하늘의 불꽃에
긴 kiss의 여운에

형
색이

인생을 그린다
삶을 메운다

들풀

당신은 하나의 운명
여기에 있음은

당신은 영광
그렇게 서 있음은

가는 이 오는 이 당신을 살피지 않고
지나는 사람마다 관심 없이 짓밟아도

항상 웃는 얼굴
꼿꼿한 자태姿態

누가 보살피지 않아도
키워주지 않아도
의지의 줏대는 살아있어
푸르름이 하늘에 닿고

파란 하늘
하얀 구름

품에 안는다

당신은 운명
여기에 있음은

당신은 영원한 영광
그렇게 서 있음은

조랑말

쉼 없이 달린다
끝이 보이질 않는다
누가
그를
달리게 했을까

고향이 그리워서일까
임을 찾아서일까
아니면 꿈을 찾아서
그것도 아니면
지난 세월 성적 희열에의 몸부림일까

계속 달린다
파란 하늘 속으로

꽃향기가 새롭다
풀 내음이 상큼하다

아득히
먼
전설에
조상들의 모습을
다시
새롭게 되새겨 봄일까

비가 내리고
천둥 번개가 치고 눈보라가 쳐도
쉼 없이 달린다

한없이
그는
달린다

나뭇잎의 푸르름에

나뭇잎의 푸르름에
그늘을 찾아

잔디의 향기로움에
누워

하늘을 본다

하얀 구름이
파란 하늘 사이로
용솟음치고

종달새 하늘 높이 지저귀는데

저
멀리에
까마귀의
울음소리 들리고

독수리의 날갯짓이 힘차다

그리곤
여기

사람들의
중얼거림에

다시 한 번
정신을 가다듬는다

밤하늘의 별을 보며

밤하늘의 별을 보며
망부석望夫石의 전설을 떠올린다

하나
둘
빛남에

아이들을 보고
이웃들을 보고
거리의
황량함을 본다

유입된
문화의 현란함에
몸 둘 바를 모르고

치솟는 기상에
얼떨떨해하며

밤하늘의 별을 본다

먹구름에 휩싸이는
차가운 별빛에

싸늘한
하늘을 본다

힘없는
눈동자를 본다

그리곤
쓸려 가는
별 밤을 본다

용연계곡

송림 사이
반달

연자맷 간
비추고

길가의 돌하르방
큰 눈을
부라린다

돌담 집
초가지붕 위

귤 향기
뒤덮일 때면

아스라한 향수

하늘을 달려

용연계곡
청수
두 발을 담궈

정을 나눈다

관탈섬

희망이
있어

아스라한 곳

해무海霧의 고향
물새들의 보금자리

가다가
멈추는 자리

오다가 마주치는 곳

세파에 지친
혼

뉘어 봄은

길가를 걸으며

누군가
무참히도
자연을 버렸다

바람에 실려온
봄소식을 꺾었다

긴
하루의 밤을

아지랑이 속
환상에
몸을 묻기 위해

문풍지의 요동을 어루만졌으며
낙엽 속의 온기에 생을 되새기고

쌓이는
하얀 세상에
두려움을 몰랐었다

누군가 무참히도 자연을 버렸고
바람에 실려온 봄소식을 꺾었다

연락선의 고동 소리에

기지개를 켠다

심호흡을 한다

폐부 깊숙한 곳
새싹들 피어

봄의 향香

땅 밑에 묻는다

누군가 정성스레 자연을 키웠고
바람에 실려온 봄소식을 전한다

낙엽

흘러
조각구름
바다에 띄우고

한낮의
햇살
품에 안는다

방울
이슬
머리에 이고

아침
먼
이국異國의 바람
옷자락 스치면

기러기
오라

손짓

기지개 켠다.

청상 홍의 갖춰 입고
연지 곤지에

가마 타고

고향
아지랑이 꿈에

흘러

조각구름
마음에 띄운다

바람

소리 없이
다가와

귓속
솜털을 흔들어 놓는

너는

풍경 1

늘어선
전봇대 사이
섬이 있다

흐드러진
유채 꽃
위
나비가 날고

돌고 온 바람 안
마음이
자연이 있다

풍경 2

까투리 둥지 튼
웃뜨르[1] 덤불 속

붉은 산열매
추광에 익고

멀리 억새꽃 향연
오름 위에 누워

하얀 세상이 웃고 있다

장끼가 솟아오른다.

---

1)해안에서 떨어진 산쪽이라는 제주의 말(사투리)

풍경 3

자연의 한 귀퉁이
떨어져
계곡 푸른 물속
꽃잎으로 떠다니고

하얀 속살
물살에 씻겨

따가운 햇빛
눈을 가린다

흐르는 산무山霧
여인네들의 웃음을 감싸

솔가지
나무 아래
둥지를 튼다

빗물 1

이마에
흐른
빗물

콧등을 따라

뚝
!

입술을 적신다

빗물 2

유방을
타고
흐른
물

배를
흘러

고향을
감싼다

빗물 3

흘러
배를 타고
다다른
삼림

사이

옹달샘

발등을
덥힌다

월대[2)]

Ⅰ
한라산 정기精氣
솟아오른

여기

정담에 달밤이 타고
바람은
솔잎에 머문다.

Ⅱ
흐르는 시간 속에
풍류를 찾는다
객客을 만난다.

들려오는 흥타령에
어깨춤 들 썩

생의 한 부분을 구름 위에 놓고

옷을 벗는다

허울을 벗긴다

---

2) 제주시 외도동에 있는 관광지. 예로부터 풍류를 즐기는 사람들이 자주 찾는 곳임. 맑은 물이 흐르고 나무가 우거져 빼어난 경관을 자랑하던 곳이었으나 지금은 많이 회손되어 옛 모습을 찾기가 어려움. 특히 물이 맑아 은어가 유명했으나 물의 오염으로 인해 거의 찾아보기가 어려움.

가을

밀감밭 한 귀퉁이
감나무 한 그루

속살 붉은
열매

가을을 땄다

개억새

머리가 허옇게 센 그의 모습은 여름을 줄기차게 달려온 여유가 있다. 머릿결 날리며 묵묵히 서 있는 모양은 삶을 달관達觀한 성인聖人의 자태이며 자연을 온몸으로 껴안고 하늘을 받아선 장승

가을의 중턱
야산 등성이에서

함박눈을 보았다

하늬바람을 찾았다

단풍

오름 모퉁이
가을이 있다

여름의 향연
훌훌 털어 버리고

나신裸身을 보였다

순수를 찾는다

으름

Ⅰ

우거진 검불
꼭꼭 숨었다

자연을 닮아 여름을 삼켜 버린 밋밋한 자태姿態
태고의 신비 간직한 자신의 색감色感
서로의 향기 돌담 사이에 묻고

누굴 기다리나

Ⅱ

자신을 열었다
하얀 속살을 보였다

바람도 숨죽이며 잎 사이로 지나고 새들도 지저귐을 멈춘다

용두암 바다 1

바다가 거친 날은
용두암엘 가고 싶다

파도가 바위를 삼키고
흰 포말泡沫이 공중에 흩어져
얼굴을 감싸도

멀리 조각배
파도와 숨바꼭질

잠녀의 숨비소리 물결에 묻히고

바다가 잔잔한 날에도
용두암엘 가고 싶다

용두암 바다 2

수평선이 온통
헝클어진
잿빛 하늘 아래

물새의 울음
바람에 묻히고

그래도
용두암 바당엔
파도가 있다

제주 봄바람은

제주 봄바람은

유채꽃을 피운다
한라 벌판에 들꽃을 키우고
용두암 바닷가 파도를 어우른다

억새를 흔들고
초가지붕을 휘감던
지난겨울의 추억은

피어오르는 아지랑이
노란 싹
돋는 잎새
아물거리고

제주 봄바람은

050109

오늘
아침

산천단에서

마른 솔잎 위에
쌓인

눈을 보았다

3

삶

산다는 것은

아침 하늘을 보면
희망이 그려진다

푸른 빛 속에
푸르름이 솟아오르고

번지는 미소는
구름 위에 머문다

출근에의 대문은
환한 웃음으로 반겨 주고
차창 너머 스치는
거리의 활달 함은
내일을 기약하는 신나는 발걸음이라

귓가에 머무는
참새들의 지저귐에

산다는 것은

산다는 것은

훌라후프를 돌리는 아이들

훌라후프가 허리에서 돌아간다
신나게 돌아간다
무엇이 즐거운지
입가에는 미소가 가득하다

한 아이가 더 끼어들었다

둘이서 훌라후프를 돌린다
말소리가 명랑하다
웃음소리가 맑다
하늘을 날던 종달새가 멈칫한다

빨간 훌라후프, 노란 훌라후프, 파란 훌라후프, 알록달록
훌라후프

모두가 싱그럽다

파란 하늘이 좋다

엄마가 가세했다
아빠도 따라 한다

모두 다 조화로운 웃음이다

앞바당

연락선이 지나갔던 그 길에 카페리가 지나갑니다

한숨과 시름과 꿈과 희망을 싣고
많은 세월을 그렇게 지내왔던

수평선에 나르는 갈매기는 한가롭습니다.
하늘에 떠가는 구름은 더욱 여유롭습니다.
귀를 에던 바람이며
얼굴을 따갑게 두드리던 눈보라는 어디에서 찾아볼 수 있을까
코끝을 스치는 미풍이 향기롭습니다

아버지의 고뇌를 묻었습니다
어머니의 한을 삼켰습니다
암울했던 지난 세월을
검푸른 바다는
아무런 저항 없이 아무런 의식 없이
그저 묵묵히
그대로 거기에 있습니다

어머니의 손을 잡고 따라갔던 그곳에는
수많은 꿈들과 추억들이 옹기종기 모여 있었습니다
하지만

파란 하늘이 참으로 곱습니다
그 하늘에서

나비를 보았습니다

돌고래

고래야 고래야
쌀을 갈까 한을 갈까
느영[3]
나영[4]
둘이 둘이서

고래야 고래야
모진 바람
긴 세월에

얼마나 많은 정精을 갈았느냐
얼마나 많은 옥을 다듬었느냐

고래야 고래야

네 온 곳이 어디고
네 갈 곳이 어디냐

원을 갈고 길을 갈고
응어리진
마음을 갈고

고래야 고래야

느영 나영
둘이서

3)너와 함께의 제주 말(語)
4)나와 함께의 제주 말(語)

점심

먹을까
말까

꼭
이맘때

있어도 그만
없어도 그만

그래서
點
心

그 애는
때를
기억할까

산새

산새는
산이 좋아
산에서 울고

참새는
들이 좋아
들에서 우는데

우리
인간은

도시의 한가운데
허공 속에서
뜬구름을 찾아 헤 매이다

우리 인간은
어디서

생활인

이게 얼마예요

들었다
놓는다

저것은 요

알록달록
예쁜 상품들이

공중에서
춤을 춘다

손을 닦고
거울을 들여다보는
모습에서

생활의
찌든 때를
본다

이게
얼마예요

삶을
인생을

들었다
놓는다

서울의 하늘은

서울의 하늘은
뿌옇습니다

회색빛 빌딩 숲 사이로 보이는 하늘은
더욱
내려앉았습니다

창백한 얼굴의
도시인들

정을 볼 수가 없습니다
미소를 찾을 수가 없습니다
더욱이
상냥함이란 존재하지 않습니다

그저
현실이 눈앞에 있습니다

하지만
오늘은 살고
내일을 기약하는 것

어디에선가
잠자고 있는 섬세함을
잠깐 보이는
하늘의 푸르름에서

찾았습니다

포도의 가로수에서
돋아나는 새싹을 보았습니다

뛰어노는 아이들의
얼굴에서
희망을 보았습니다

바삐 가는 발걸음에서
활력을 보았습니다

하지만

서울의 하늘은
잿빛입니다

가난

가난은
단지
불편한 것일 뿐

수치스러움도
열등의 소치所致도
기의
미 발휘의 상태도 아닌

단지

표피적 상황일 뿐

밤하늘의 나방은
멀리
별빛만 보고도
날아오르고

여린 마음은
어머니의 품을 찾아가지만

우리
오늘

푸르른 나무 그늘을 찾아
한담할 수 있는

하늘의 구름을 이야기하자

물질[5)]

물 한 모금 먹고 휘-
세상을 본다

자맥질 한 번 하고 휘-
사람을 본다

이 세상
원망한 들

이 사람
되뇌어 본들

소라를 캐고 휘-
구름을 본다

미역을 캐고 휘-
아이를 본다

그래
내일이 있어

그래
희망이 있어

하늘을 보고 휘-

고동을 분다

---

5)제주 해녀들이 바다 속에 들어가 소라, 전복 등 해산물을 채취 하는 작업을 이르는 제주 말(言語)

세태世態

안개 사이로
희미한 물체가 보인다

그리곤
다시

안개가 퍼진다

도무지
무엇이 있는지
감이 잡히질 않는다

까마귀 소리가 들린다
하이에나의 거친 숨소리가 들린다
비둘기가 급히
날아오른다

순간
천둥이 친다

새로운 세상이 태어 날려나

안개가
다시
앞을 가로막는다

한 소년은 보았습니다

바닷가에서
수평선을 바라보던
한 소년은

물새를 보았습니다
구름을 보았습니다
연락선을 보았습니다
테우를 보았습니다

온통 세상이
푸르고
향기롭다는 것을
알았습니다

아버지의 인자한 모습
어머니의 품이 부드럽다는 것을
형의 얼굴이 위엄있게
하늘 멀리에서
다가옴을

새삼 느꼈습니다

어느 날

천둥이 치고
번개가 지나가던

바닷가에는

흰 거품이 이는
파도가 밀려와

자연을 삼키고
인간을 삼키며
순수성을 삼키는 것을
보았습니다

하지만

하늘에는 갈매기가
날고 있었습니다

한 소년은 보았습니다

비바람에 허덕이던 굵은 나무를
물살에 쓸려가던 마음의 한 조각을

새벽

이슬 떨어지는 소리에
풀 벌레가 웁니다

먼 여명 속에

하루의 시작을 알립니다

발소리가 들립니다
차 소리도 들립니다

비로소
내가
오늘
여기 있다는 것을 실감합니다

향을 피워

향을 피워

顯
考
訓
長
府
君
神
位

잔을 올린다.

흐르는 세월 속에
삶을 사르고

맑은 눈동자들에 힘을 두었다

파란 하늘 끝
염원을 담아

오늘도 하루
내일도 하루

잔을 올린다

노도 같은 정열일랑
하늘 같은 분노일랑
이제

잔을 올린다

거친 땅을 다져
튼튼한 나무

꽃을 피워
하늘에 염원하니

아름 열매 주렁
내일에 달렸다

한 걸음
한 걸음

디딘 발자국

오늘에 다달아
내일로가니

앞바당 물새들 하늘 높이 끼룩거리고
뛰노는 망아지 힘이 솟는다.

오늘의 환희

구름에 모아
푸른 하늘 멀리 띄우고

향을 피워

잔을 올린다

허탈한 날이면

허탈한 날이면
하늘을 본다

그곳엔

푸르름이
정겨움이

그리고

해맑은 웃음이 상존해 있다

허탈한 날이면
해가 떠오르는 하늘을 보자

그리곤

웃어보자

달빛에

달빛에
노를 저어
하늘을 간다

꿈을 찾아
희망을 찾아

하늘을 간다

돛이 찢겨진들
돛대가 부러진들

달빛에
노를 저어
바다를 간다

험한 파도
머리에 이고

폭풍우 속
등대를 찾아

산고의 고통일랑
잉태의 희열에 묻어두고

타오르는 정열은

삭풍에 삭히며

달빛에
세파를 간다

순수성을 찾아
잃어버린 원시를 회상하며

오늘도
노랑나비를 찾는다

그리고

하루를 간다

달빛에 간다

안개 속에서

그렇게
길을 찾아
떠나보자

누군가
찾던 길을

이리
저리

돌아서 온 길
그 길

애증의 길
회한의 길

영겁의 길
순간의 길

물방울마다
忘却, 執念, 自覺, 苦痛, 冷淡, 我執, 利己, 苦惱, 煩悶,
憎惡, 葛藤, 人間,
人間?
人間!
인간들

멀리
서광 있어

길을 찾는다

包容, 慣用, 理解, 順從, 順理, 德談, 溫情, 마음,

뜨거운 마음

이제

안개

더 이상의 방황일랑
햇살에 맡겨

길을 헨다

마음을 가다듬는다

그리곤

그렇게 길을 찾는다

서울의 여명에

산무
사이로
하루가 밝아오고

매연의 분진 속
생의 돌파구를 찾는다

먼
열림의
진동

발끝을 울리고

영혼 깊숙한
흐름

간밤을
쓸어낸다

환락의 몸부림은 두통 속에 묻히고

내딛는 발자국
육체의 부대낌에 흐느적거리며
스치는 잔상
빗물에 젖어
버려진 양심

뒹구는 깡통, 깡통, 깡통들.

일출에

맑은 눈
빛나는 지혜智慧

구르는 바퀴
타오르는 상념

싱그러운
가로수의 아침을 맞는다

달리는 전철의 생생함을 본다

나 너 우리

나
너
우리

푸른 하늘
흰 구름
속

나를 찾는다

황야荒野가 아니더래도
새벽에 빛나는 별을 보지 않더래도
수레 타고 방황하지 않아도

나르는 종달새의
날갯짓

나뭇잎을 흔드는
바람 속에서

웃음에 묻어 있는
너를 본다

도시의 거리에서
빌딩 숲 속의

창가에서
정돈되어진 교실의 아이들 눈동자에서

깨어있는
너를
찾는다

빛나는
미소를 그린다

떠오르는 아침 해를 보고
하얀 파도의 물거품에

갯가의

초가 마을
잿빛 해무海霧 속

돛단배를 띄운다

우리를 담는다

고통苦痛일랑
번민煩悶일랑

자아 탐구의 궤적에

너와
나의 대화에
진실한

공동체를 만든다

노랑나비의

환한
비상을 본다

나
너
우리

미래를 본다

쌍계사에서

Ⅰ
그 누가
바위산을 옮겼습니까
자연을 조성했습니까

속세의 끝
영혼의 갈림길

솔 향에 취한
나그네의 걸음을 멈추게 하는
선인의 솜씨

여기
쌍계사雙磎寺

Ⅱ
찌른 듯
하늘에 구름을 몰고 와
고갯길 오르는 속인의 땀 식혀주는
가냘픈 나무 군락

저고리 벗고
세상사 한 꺼풀 벗기고

Ⅲ
올라선 돌계단

물소리에 마음을 바람에 몸을 씻고
한 발짝

'망상 잡념을 버리고 여기를 지나가는가'

Ⅳ
새소리
목탁 소리에
산속의 적막을 깨고

오르는 샘물
한 모금

방황을 잠시 멈춘다

마라도 여인

Ⅰ

허연 젖가슴을
들여내 놓고
분주히 해산물을 내놓는다

나르는 갈매기 얼굴 붉히고
불어오는 미풍에 몸을 맡긴 채

나룻배에 낭군
치마 벗어 배웅하던
노을에
하루를 보낸다

Ⅱ

소리 퍼지는 밝은 밤엔
머리를 쥐어뜯고
무릎을 감싸
뜨거운 숨결 귓가에 느끼며
희열의 순간

통한 속에 묻고

이어도 찾은
님

파도 위 거품 속에

Ⅲ
물결 위 강풍
옷자락 젖혀도

벌판의 들꽃을 본다
들풀을 닮는다

기운찬 숨비소리
고통을 분다

오일장

Ⅰ
어스름 하늘
카바이드 불빛에
아낙네의 귓불이 붉게
춤을 춘다

나뭇가지 걸린 바람
흙먼지 날리고
취객의 발걸음 흐느적거릴 때
'떨이요 떨이'

Ⅱ
시간의 산물인가
어르신네의 숨결인가

한껏 자태를
뭇 사람의 시선에 맴돌다 지금 여기

나신을 보인다
마음을 준다

Ⅲ

먼짓길 발자국에 정을 주고
주고받은 눈웃음
내일의 꿈

구르는 포장마차의 바퀴 소리에
귀를 튼다

타는 불 속에
하루를 채운다

삶을 사른다

청바지가 잘 어울리는 그녀

청바지가 잘 어울리는 그녀는
항상
엷은 미소를
입가에 담고 있다

짙은 속눈썹
맑은 눈동자

청랑晴朗한
가을바람을 한 아름 안고 있다

피어오르는 새싹
쓰다듬어주고

포도鋪道 위 낙엽
입맞춤하던

청바지가 잘 어울리는 그녀는

오늘

장미 두 다발 손에 들고
문가에서
함박웃음을 짓고 있다

삶의 향기를
선사하는

그녀는

그 애는 곱다

그 애는 곱다

오뚝한 콧날이 곱고
붉은 입술 사이로 보이는
하얀 이가 곱고

영혼을 쫓아다니는
영롱한 눈동자가 곱다

그 애는 곱다

맑은 웃음이 곱고
사물을 보고
미소로 반겨주는
마음이 고웁다

그리움

가다

돌부리에
발이 채여

뒤돌아보니

큰 눈망울에
눈물이 글썽

그녀의 허상虛像

사랑

마주친
눈길

꿈을 보고
생을 읽으며

마음을 담는다

연서

꽃 바람에
실려온
봄 향기

눈에 넣어도 시리지 않을
님의 모습에

너울너울
노랑나비
꿈에 젖는다

041013

흰 가운gown 속
빨간 꽃이 숨었다

까만 눈동자
작은 입술
아지랑이 눈빛

광야를 달려온 한 마리 조랑말

손톱이 무척 예쁜
그녀의 손은
따뜻했다

마음이 영

금잔디 깔린
마당의

초가집에

살다

임대 아파트 9층에
이사 갈려니

마음이

영

뮤지컬 가스펠

I
대학로 한켠
동숭홀

무대에 조명이 켜지고
한 사내의 독백

현란한 불빛
무희들의 광란

무대가 익어간다.

Ⅱ
31일째의 공연
객석의 반은 비어 있다

박수를 치고 웃음으로
때론 심각함에
관중은 잠시 적막에 휩싸인다

Ⅲ

연지 곤지에
짙은 눈 화장

이국의 여인인가
옆집 순이 인가

솜털같이 날아와 사뿐히 무릎 위에 앉고 눈웃음을 보낸다. 향수 냄새와 땀 냄새가 어우러진 얇은 무대복 위로 희미한 불빛이 붉은 살 내음을 토한다.

'아저씨 참……' 하니

무대 위의 독무

날이 밝는다

왜 사냐고 묻거든 1

왜 사냐고 묻거든
파도가 바위에 몰아쳐 용두암 자태姿態를 흩트려 놓는 물보라를 볼 수 있어서라고 대답하자

왜 사냐고 묻거든
푸른 하늘에 뭉게 구름이 어떻게 흩어져 있는지 살펴 볼 수 있는 시간이 있어서라고 대답하자

왜 사냐고 묻거든
5일에 한 번씩 서는 민속 5일장의 비린내가 코를 찌르는 어물전, 향기로운 냄새가 풍기는 꽃시장, 옛 생활 도구들이 정렬되어진 민속구 코너에서 물건을 고르고 구입하는 일상 탈피의 여유가 있어서라고 대답하자

왜 사냐고 묻거든
출근길의 아침 햇살에 잠시 눈을 맡겨 빛나는 하루의 일과를 계획 할 수 있는 틈이 있어서라고 대답하자.

왜 사냐고 묻거든

오랜만에 지인知人에게서 전화를 받고 그 즐거움에 박장대소를 할 수 있는 여유가 있어서라고 대답하자

왜 사냐고 묻거든

왜 사냐고 묻거든 2

왜 사냐고 묻거든
단풍든 산길에서 새들의 울음소리를 들을 수 있는 여유가 있어서라고 대답하자

왜 사냐고 묻거든
산사山寺의 옹달샘에서 땀을 식힐 수 있는 한 모금의 생수를 마실 수 있는 기회가 있어서라고 대답하자

왜 사냐고 묻거든
연락선을 이용한 바다 여행의 신비로움을 경험할 수 있는 시간이 있어서라고 대답하자

왜 사냐고 묻거든

블라디보스톡에서 1

군함이 줄줄이 늘어선 항구
시내며 강이며 화물선들이 한눈에 들어오는 전망대
군 장비들이 줄줄이 진열되어져 있는 독수리 요새
옛 군 복장을 하고 사진 촬영한 잠수함 박물관
김치찌개가 맛있었던 식당 한국관
화장실이 지하 깊은 곳에 있었던 극동대학 박물관
시베리아행 기차가 출발하는 새 단장의 역사

말은 안 통하지만
눈빛으로 정이 오가는

갈색 긴 머리의 러시아 여인

블라디보스톡에서 2

사라봉을 멀리하고
짙푸른 동해를 달렸다

멀리 육지의 스카이라인

도선導船이 앞서
군함들이 늘어선
항구를 간다

제복의 러시아 여군
정박의 닻을 내리고

낚싯줄 드리운 러시아 노인

바로 블라디보스톡 역사驛舍

불을 밝힌다

하바로프스크에서

1월이면
땅속 2미터까지 꽁꽁 얼어버린다는
동토의 땅

하바로프스크 대학 교정엔
사르비아가
러시아 여인들의 입술만큼이나
붉게 피었다

시베리아의 평원을 달려온
기차는
열기를 식히느라 역에 정차해 있고

8월의 한낮
뜨거움은
우수리 강변의 백사장에서
나신裸身으로 멀리 보내고

강가 유람선
붉은 옷의 검은 눈동자
이국의 여인

선창 멀리 물새를 쫓고 있다

| 해설 |

아침의 시, 전망적 시야

임 종 성
시인, 문학박사

여름 숲에 들어가면 숨이 막힐 만큼 푸르름이 빽빽이 들어차 있다. 이러한 길고 어둡고 아름다운 숲에는 사람들의 발길이 닿지 않는 한적한 곳에서 깜찍하게 피어 있는 꽃들을 보게 된다. 별로 소중하지 않을 것 같은 꽃들이 진정 소중하게 피어 있는 것이다. 어쩌면 시를 쓴다는 것은 이처럼 아무도 찾지 않는 곳에서 홀로 꽃 피우는 일과 다르지 않다는 생각이 든다.

한 편의 시를 쓰는 것은 답답하고, 멋없고, 닫힌 세상에 환한 꽃을 피워 어둡고 흐린 것들을 빛내는 일이 아니가 한다. 이러한 단상에 의지하며 김인택 시인의 시집 '자연의 색은 순수하다' 의 행간을 미세한 시선으로 들여다 보기도 한다.

생이 깨끗하게 닦고 기름칠해진 등촉이라면, 그 생이 누리는 영화란 등촉이 피워 올리는 환한 불빛 같은 것이라 할 수 있을 것이다.

화자는 〈왜 시냐고 묻거든〉이라는 설의적 물음의 답을 여유나 기회, 시간이 있어서라고 말하고 있다. 단풍은 산길에서 새들의 울음소리를 들을 수 있는 여유가 있어서라고 우선 대답한다.

가던 길을 멈추고 피어난 꽃을 잠시 바라볼 수 있는 겨를도 없다면 생은 너무나 단조롭고 무미건조한 일이기도 한 것이다.

우리가 눈을 뜨고 산다는 것은 모래알 속이나 물방울 속에 떨고 있는 해녀를 본다는 것이며, 우리가 꿈을 꾼다는 것은 머리 위 하늘의 별들을 노래한다는 것이다. 하늘은 우리가 날마다 보는 미래의 창이다.

물 한 모금 먹고 휘–
세상을 본다

자맥질 한 번 하고 휘–
사람을 본다

이 세상
원망한 들

이 사람
되뇌어 본들

소라를 캐고 휘–
구름을 본다

미역을 캐고 휘–
아이를 본다

그래
내일이 있어

그래
희망이 있어

하늘을 보고 휘-

고동을 분다

―「물질」 전문

화자는 물속에서 기쁜 숨을 몰아쉬며 〈물 한 모금 먹고 휘-〉하며 물 밖의 세상을 보고, 〈자맥질 한 번 하고 휘-〉하며 생을 영위하기 위해 〈소라를 캐고 휘-〉 구름을 보며 〈미역을 캐고 휘-〉 아이를 보기도 한다.

견디기 힘들고 지치지만 〈그래/내일이 있어〉, 〈그래/희망이 있어〉 하늘을 바라보는 화자의 모습은 맑고 환하다

허탈한 날이면
하늘을 본다

그곳엔

푸르름이
정겨움이

그리고

해맑은 웃음이 상존해 있다

허탈한 날이면
해가 떠오르는 하늘을 보자

그리곤

웃어보자

—「허탈한 날이면」 전문

시의 행간 속에서 화자는 지루 눈을 들어 하늘을 본다. 〈허탈한 날이면/하늘을 본다〉는 것은 거기에 〈푸르름이/정겨움이〉 있고 〈해맑은 웃음〉이 늘 깃들어 있기 때문이다. 〈허탈한 날이면/해가 떠오르는 하늘〉을 보는 것은 여유와 마음의 평온이 주는 지복이다.

그렇게
길을 찾아
떠나보자

누군가
찾던 길을

이리
저리

돌아서 온 길
그 길

애증의 길
회한의 길

영겁의 길
순간의 길

―「안개 속에서」 부분

화자는 길 위에 있으면서 끝없이 길을 떠나고 있다. 그 길은 〈누군가/찾던 길〉이기도 하고 전에 나섰다 다시 〈돌아서 온 길/그 길〉이기도 하다. 한참 가는데 뒤돌아보게 하는 〈애증의 길/회한의 길〉이 보이기도 하고 〈영겁의 길/순간의 길〉이 나타나기도 한다. 길의 끝은 어둡고 쓸쓸하다

I
어스름 하늘
카바이드 불빛에
아낙네의 귓불이 붉게
춤을 춘다

나뭇가지 걸린 바람
흙먼지 날리고
취객의 발걸음 흐느적거릴 때
'떨이요 떨이'

―「오일장」 부분

화자가 당도한 길은 오일장이 파장하는 곳이다. 여기까지 이르

면서 화자의 위에 남아서 발자국들은 길을 내고 길을 완성한다. 〈어스름 하늘/카바이드 불빛에/아낙네의 귓볼이 붉게〉익어가는 저 물녘은 애처롭다. 〈'떨이오, 떨이'〉를 외치는 목소리는 하루를 마치려는 당혹감이 감돌고 어서 팔고 집으로 돌아가 사랑하는 가족들을 만나고 싶은 소원도 깃들어 있다.

품은 깊고 따뜻하다. 새를 안고 있는 둥지처럼, 채소를 감싸고 있는 울타리처럼, 아이를 품고 있는 여인의 가슴처럼 물고 담고 있는 두레박처럼 품은 보듬어 안아 주고 싶은 것이다. 품은 사랑이기 때문이다.

백사장과
깅이가 뛰노는 드넓은 갯가
푸른 소나무 숲은
바닷바람을 한껏 품었다

물새들 한가로이 날고
빨간 돛의 요트
바람을 가른다

트롤 낚시를 즐기는 조사들의 탄성이 울리고

꽉 잡은 그녀의 손에 힘이 넘친다

—「이호해변 연가」 부분

화자는 〈마주친 눈길〉로 〈꿈을 보고/생〉을 읽으며 사랑을 품는다. 사랑의 〈마음을 담는〉연가를 부르며 해변에 나와 있다. 사랑은 자기를 다 주어도 아깝지 않는 부유한 마음이다. 그래서 꽉 잡은 〈그녀의 손〉에 넘치는 힘을 느낀다.

두 사람 사이에 오가는 사랑의 열매는 이쁘디 이쁜 생명의 보석인 아이를 갖게 된다. 그 아이는 봄이다. 늦게 피는 꽃이다.

그 애는 곱다

오똑한 콧날이 곱고
붉은 입술 사이로 보이는
하얀 이가 곱고

영혼을 좇아다니는
영롱한 눈동자가 곱다

그 애는 곱다

맑은 웃음이 곱고
사물을 보고
미소로 반겨주는
마음이 고웁다

–「그 애는 곱다」 전문

아이는 희망이다. 앞으로 만들어질 새로운 미래이다. 〈맑은 웃음이 곱고/사물을 보고/미소로 반겨주는/마음이 고웁다〉고 전언을 보내는 화자는 아이의 영혼의 창인 눈을 통해 밝은 내일의 도래를 믿는다. 생이 때로 우리를 속일지라도 한 가지 속일 수 없는 아름다운 진실은 있다. 그 아이를 만나면 우리는 새로워질 수 있는 것이다.

자연의 색은 순수하다고
생각합니다

지는
저녁놀의 바다에서
떠오르는 아침 햇살 사이로 비치는
구름 위에서 가을의 설악 한라의 단풍에서
봄날
아지랑이 새싹
싱그러운 매미의 울음 속
푸르른 나뭇잎의 색상에서
아름답지만 현란하지 아니한
자연의 색감을 느낍니다

또한
눈 쌓인 겨울 산의 눈꽃에서
시골길에
널려 있는 낙엽 더미 속
은행나뭇잎에서
졸졸
흐르는 개울가의 이끼에서
수수하지만은 않은
생명의 색감을 느낍니다

자연의 색은 순수합니다

너무 현란하지도 그렇다고 너무 수수하지도 않은 생명력 있는 중용의 색이라고 생각합니다

그 중용의 색을 먼저 과일에서 찾았습니다

—「자연의 색은 순수하다」 전문

자연은 인위와 수단과 목적을 배제한 그냥 있는 그대로의 세계이다. 흙에서 씨앗이 눈을 틔우듯, 햇빛과 바람의 입김에 나뭇가지에서 새순이 돋아나듯, 꽃이 피고 그 꽃의 향기가 번지듯, 꽃이 저서 햇빛 속에 바람 속에 열매가 익듯 그렇게 이루어지는 세계는 순수한 것이다. 인위나 수단, 목적이 배제된 순연한 미적 가치이다.

제주 봄바람은

유채꽃을 피운다
한라 벌판에 들꽃을 키우고
용두암 바닷가 파도를 어우른다

억새를 흔들고
초가지붕을 휘감던
지난겨울의 추억은

피어오르는 아지랑이
노란 싹
돋는 잎새
아물거리고

제주 봄바람은

—「제주 봄바람은」 전문

자연의 색깔에는 인공적인 것이 끼어들지 못한다. 만일 인공적인 것이 가미되면 자연은 그대로 손상되고 만다. 〈구름 위에서 가을의 설악 한라의 단풍에서〉, 〈푸르른 나뭇잎의 색상에서〉 〈흐르는 개울가의 이끼에서〉 화자는 자연의 색감과 생명의 색감 생명력 있는 중용의 색감을 옮겨 받는다. 자연의 원형인 제주 봄바람에 젖기도 한다.

오래된 바람이나 낡은 바람은 없다. 특히 제주의 봄바람은 〈유채꽃〉, 〈들꽃〉, 〈용두암 바닷가 파도〉를 피우거나 키우고, 어우르는 신선한 생명력을 지니고 있다.

당신은 하나의 운명
여기에 있음은

당신은 영광
그렇게 서 있음은

가는 이 오는 이 당신을 살피지 않고
지나는 사람마다 관심 없이 짓밟아도

항상 웃는 얼굴
꼿꼿한 자태姿態

누가 보살피지 않아도
키워주지 않아도
의지의 줏대는 살아있어
푸르름이 하늘에 닿고

파란 하늘
하얀 구름

품에 안는다

당신은 운명
여기에 있음은

당신은 영원한 영광
그렇게 서 있음은

–「들풀」 전문

들풀의 배경은 바람이다. 바람이 거칠게 밀려올수록 들풀은 더욱 푸름을 빚어 낸다. 아무 살핌을 받지 않고 관심의 대상에서 제외되어 있지만 〈항상 웃는 얼굴〉로서 〈꼿꼿한 자태〉를 풀지 않는다.

글의 실날이 끊어지면 지상의 생명은 그 끝을 보이고 말 것이다. 새가 공중에 날개로 글을 쓰고 지우듯, 나무가 공중에 잎으로 글을 쓰고 지우듯 시인의 손과 펜과 마음은 글을 다 쓰고 백지에 귀의하는 것이다.

김인택 시인의 시는 해가 힘차게 솟아 오르는 아침에 진입해 있으며 긍정적 생의 미적 가치를 지향 짧은 경탄과 탄력의 술, 열기의 바다가 도저하게 드리워져 세상의 밤과 벽을 넘어서는 전망적 시야가 내장되어 있다.

자연의 색은
순수하다

지은이 김인택

—

인쇄일 2013년 9월 7일
발행일 2013년 9월 12일

—

펴낸이 박철수
펴낸곳 도서출판 해암

—

등록번호 제325-2001-000007호
주소 부산시 중구 백산길 17 삼성빌딩 702호
전화 051)254-2260, 2261
팩스 051)246-1895
전자우편 haeambook@hanmail.net

—

—

값 10,000원
ISBN 978-89-6649-035-6 03810